INONDATIONS

TOURS. — IMPRIMERIE NOUVELLE. — ERNEST MAZEREAU
11, passage Richelieu, 11

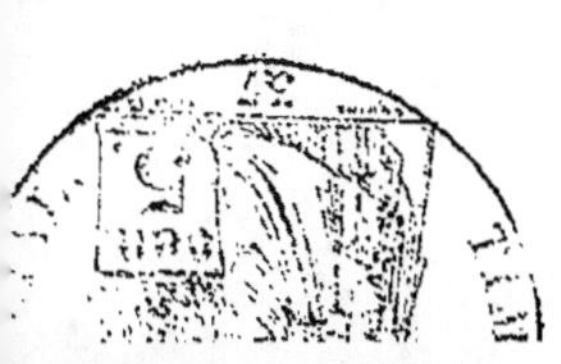

COMMENT ON POURRAIT EMPÊCHER

LE RETOUR

DES

INONDATIONS

PAR A. DESPLANQUES

Ancien Sous Préfet de Chinon

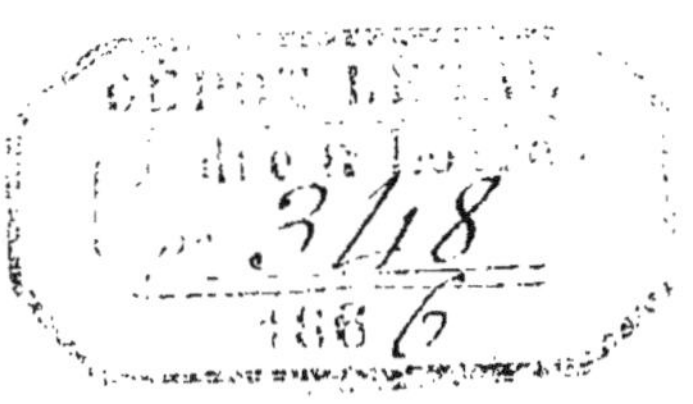

TOURS

IMPRIMERIE ET LIBRAIRIE ERNEST MAZEREAU

11, passage Richelieu, 11

1866

COMMENT ON POURRAIT EMPÊCHER

LE RETOUR DES INONDATIONS

Après avoir visité les contrées ravagées par le fléau des inondations, tout homme de cœur ne peut se défendre d'un sentiment de profonde tristesse auquel succèdent bientôt et un immense désir de secourir les malheureuses victimes et une préoccupation constante d'aider à prévenir désormais le retour de ce grand dévastateur qui désole périodiquement, depuis le commencement de ce siècle surtout, les plus belles, les plus riches parties de la France.

Parmi les divers arrondissements que j'ai eu l'honneur d'administrer comme sous-préfet, deux surtout, qui cependant appartiennent à des régions bien différentes et n'ont entre eux aucune ressemblance, puisque l'un est situé dans les Alpes, l'autre en Touraine, ont été sous mes yeux victimes du terrible fléau; j'ai donc pu étudier de près, dans

ces deux circonstances, les causes, les effets de ces
désastres, effets bien différents d'ailleurs, on doit
le comprendre, suivant qu'ils se produisaient en
plein cœur des Alpes, dans un pays pauvre et ne
produisant pas à beaucoup près ce qui est nécessaire
à la vie de ses habitants, si peu nombreux qu'ils
soient, ou bien en pleine Touraine, le pays de
France le plus riche, le plus attrayant et par conséquent le plus habité, en Touraine, le grenier d'abon-
dance de notre pays.

Cette étude, à laquelle j'ai pu me livrer de plus
près et dans de meilleures conditions qu'un autre,
m'a amené à faire quelques observations qui
pourraient sembler de quelque importance à
ceux qui s'occupent spécialement de cette grande
question des inondations et ont le talent, ainsi que
la science nécessaire, pour la résoudre. C'est dans
cet espoir seul que je me suis décidé à écrire les
lignes suivantes. Je les soumets à l'appréciation des
hommes compétents qui sans doute se préoccupent
exclusivement de cette même question, dans ce
moment où presque toutes les contrées les plus
fertiles de la France viennent d'être ravagées,
dans ce moment où des populations entières, à la

veille de trouver la juste récompense du travail de toute une année, se voient tout à coup en présence d'un long hiver dont l'approche les épouvante, car elles lui voient une escorte contre laquelle elles sont aujourd'hui sans défense: cette escorte, c'est le froid, la faim, la misère en un mot avec ses hideux satellites.

Je ne rechercherai pas si, depuis 1856, on a fait dans toutes les vallées exposées au danger, tous les travaux de défense nécessaires, si les travaux faits ont été intelligemment conduits et si, dès l'origine, les plans étaient bien conçus, si les barrages, les digues submersibles sont une bonne ou une mauvaise chose, etc. Je n'ai pas étudié d'assez près ces questions pour pouvoir me permettre, dès maintenant, de les traiter par écrit; ce serait d'ailleurs inutile, je crois, car l'opinion générale me paraît fixée désormais sur l'importance qu'ont ces travaux dont on a fait souvent tant d'étalage et au moyen desquels on arrive seulement, la plupart du temps, avec la plus grande peine, à protéger les villes en rejetant sur la rive opposée les dangers et les malheurs, pauvre résultat, il faut l'avouer, et peu digne de tous les sacrifices qu'il est nécessaire de s'imposer pour l'obtenir.

Bien certain qu'une fois arrivée dans nos vallées, l'inondation a pris des proportions telles, qu'il est impossible d'éviter les plus grands malheurs et, que, si vous préservez la rive droite à un endroit déterminé, vous compromettez du même coup et, forcément la sûreté de la rive gauche, je veux voir s'il n'y aurait pas moyen, en remontant à la source du mal dont nous souffrons tant, de parvenir à le couper dans sa racine.

Une inondation peut arriver, tout le monde le sait et le dit, par deux causes : ou bien par une fonte trop considérable et trop subite des neiges accumulées pendant l'hiver dans les montagnes d'où sortent les cours d'eau, et alors elle a lieu en été, en juin par exemple, comme en 1856, ou bien par des pluies générales exceptionnellement abondantes, et alors elle peut arriver en toute saison, au mois de septembre par exemple, comme cette année. Dans l'un et l'autre cas, il y a inondation parce que les masses considérables d'eaux qui descendent des montagnes font irruption toutes ensemble et en trop peu de temps dans la plaine, parce que, n'étant ni retenues ni absorbées par une quantité assez grande de gazons ou d'arbres, et pour une autre cause que j'indiquerai tout à l'heure, elles arrivent à la plaine en même temps, celles qui avaient un plus long trajet à faire l'ayant parcouru beaucoup plus vite parce qu'elles venaient d'une région beaucoup plus élevée.

Pour empêcher les inondations, il suffirait donc de ralentir les cours des différents affluents qui viennent à un moment donné déverser tous ensemble leurs eaux, dont le volume est tout à coup centuplé par l'une des causes indiquées plus haut, dans un lit commun qui porte le nom de Loire, Seine ou Rhône.

Cette idée a déjà été émise plusieurs fois et, si elle a paru ingénieuse, elle semble avoir toujours, jusqu'à présent, été rejetée comme impraticable. On s'est figuré immédiatement l'homme, si petit au milieu des torrents et des montagnes, aux prises avec ces géants de la nature et on a renoncé à engager la lutte, craignant sans doute d'avoir à dépenser des sommes immenses pour construire de tous côtés, sans résultats sérieux, des travaux gigantesques. Selon moi, on a eu tort, et je vais essayer de démontrer qu'un succès presque complet pourrait être obtenu sans le moindre secours de travaux d'art.

Si les inondations avaient pour unique principe un ensemble de phénomènes d'un ordre exclusivement naturel, il me paraîtrait en effet insensé de vouloir les empêcher et tout ce que pourrait faire l'homme, ce serait de se défendre de son mieux contre ce fléau, comme il fait contre tant d'autres qu'il ne sait pas prévenir, par suite de son impuissance à en approfondir les causes. Dans ce cas je comprendrais, j'admettrais partout des digues, des levées, tous les travaux enfin plus ou moins ingénieux à la confection desquels chaque agglomé ration d'habitants consacre tant d'or, tant de labeurs. Mais il n'en est pas ainsi, j'en ai la conviction, et c'est l'homme lui-même qui est, en grande partie, la cause involontaire de ces inondations.

Si je suis dans le vrai, il est certainement du devoir d'un gouvernement sage et éclairé, comme le nôtre, de prendre en main l'intérêt du plus grand nombre et d'arriver, par des mesures énergiques, à empêcher le retour de ces calamités publiques. Ce n'est pas en vain d'ailleurs, j'en suis bien sûr, qu'il sera fait appel à son zèle et à sa vigilance.

Ainsi, l'homme est-il lui-même la principale cause des inondations? Si les montagnes n'étaient pas habitées, les plaines seraient-elles exemptes des désastres périodiques qu'elles subissent aujourd'hui? Toute la question est donc là.

En exposant tout à l'heure les principales causes déterminantes des inondations, j'ai décrit les faits physiques qui précèdent la catastrophe, faits indé-pendants de la volonté de l'homme, qui se produi-ront éternellement malgré lui, et à la modification desquels il ne peut même pas, sans folie, avoir la prétention de songer. Par conséquent, pluies torren-tielles et générales, fonte de neiges subite et abon-dante, voilà deux causes permanentes d'inondations que l'homme ne pourra jamais détruire, et si, à elles seules, elles suffisaient pour amener le fléau, il n'y aurait rien à faire pour en prévenir le retour. Mais heureusement il en existe une troisième contre laquelle l'homme n'est pas impuissant, et sous laquelle les deux premières seraient presque toujours insuffisantes.

Quand on dit que, par suite des phénomènes athmosphériques dont nous parlions tout à l'heure, des masses d'eau considérables se précipitent trop subitement des montagnes dans la plaine, on a l'habitude de confondre dans sa pensée tout l'espace de terrain parcouru par le fleuve ou bien ses affluents, depuis l'endroit où ils prennent leur source jusqu'à celui où ils débouchent dans la plaine. On omet par conséquent d'étudier la configuration de ce terrain, dont les pentes sont toujours très-inégales, et on ne cherche pas à connaître la manière dont les habitants des montagnes traitent les cours d'eau à leur passage : c'est là, selon moi, une grande faute, car de cette étude, de ces recherches dépend la découverte de la troisième cause que je veux signaler, et cette cause, l'homme peut la faire disparaître en l'attaquant énergiquement dans les lieux même où elle se produit.

En effet, que se passe-t-il maintenant ? Non-seulement la montagne est habitée, non-seulement elle est souvent exploitée d'une façon si inintelligente que les arbres, les gazons même, ont complétement disparu et que les pentes les plus abruptes, composées de roches dénudées, offrent l'aspect d'une surface lisse sur laquelle l'écoulement des eaux se produit avec une effrayante rapidité, mais encore les moindres petites vallées ou gorges situées dans la montagne, vallées qui, en définitive, devraient être le domaine des torrents, sont encombrées de maisons, de villages qui ont la prétention de disputer la place aux cours d'eau et de les cantonner quoiqu'il arrive, dans une espace généralement très-étroit. Chacun n'a qu'une préoccupation, celle de rétrécir le plus possible le lit du torrent qui passe devant lui, de manière à en rendre le cours assez rapide pour qu'il entraine un peu plus loin, les jours de grandes crues, le sable, les pierres, les rochers même, qu'il apporte avec lui du haut de la montagne. Tous accumulent travaux sur travaux pour chasser au plus vite sur des terrains inférieurs les eaux redoutables et, pour arriver à ce résultat, ils ne reculent devant aucun sacrifice, comprenant qu'il y va de leur existence.

Voilà où est le mal, et on en comprendra l'importance, si l'on réfléchit que, sur le parcours de chaque affluent, ces travaux, se répétant sans cesse, finissent par activer tellement le cours des eaux que celles-ci arrivent beaucoup plus vite et beaucoup plus directement dans la plaine où elles causent alors des désastres semblables à celui que nous déplorons aujourd'hui.

Si les montagnes n'étaient pas habitées, que se passerait-il au contraire ? Les jours où, soit sur l'influence d'une température exceptionnelle, soit par suite de pluies torrentielles, une masse d'eaux exceptionnellement grande aurait à descendre de la montagne dans la plaine, s'y précipiterait-elle aussi soudainement qu'elle le fait aujourd'hui ? évidemment non.

Ruisseaux, torrents descendraient tout d'abord avec une rapidité effrayante, il est vrai, du haut de la montagne, mais, avant d'arriver à cette plaine, à ce fleuve déjà grossi lui-même probablement par des pluies abondantes, ils rencontreraient dix ou quinze petites vallées dans lesquelles ils se répandraient à leur aise, le trop plein se déversant à droite et à gauche et prenant l'aspect d'un lac tranquille. De là retard considérable dans l'arrivée des eaux à la plaine, et ce retard étant plus ou moins grand selon la distance que l'affluent aurait à parcourir, ou suivant la configuration des contrées qu'il aurait à traverser, le fleuve recevrait un à un, après qu'il se serait débarrassé lui-même, chaque cours d'eau grossi par la crue subite et l'inondation n'aurait plus lieu. Ce résultat serait d'autant plus certain que le regazonnement et le reboisement des montagnes, arrivant progressivement, ralentiraient encore l'écoulement des eaux et les absorberaient en partie.

Il semble résulter de ce qui précède qu'une seule chose me reste à faire, demander que toutes les montagnes de France deviennent désertes du jour au lendemain. Je ne vais pas aussi loin et je comprends ce qu'une pareille demande aurait d'exagéré et d'inadmissible. Je suis donc tout disposé à renoncer au reboisement qui n'arrivera pas, quoi qu'on fasse, tant que les montagnes seront habitées, car où sont, maintenant surtout, que le vrai dévouement est assez rare pour que l'on n'y croie même plus et qu'on le récompense souvent si mal, où sont, dis-je, les fonctionnaires disposés à donner, pendant de longues années, tous leurs soins à une œuvre aussi minu-

tieuse et qui ne devra leur rapporter personnelle-
ment ni honneur, ni profit? Mais je demande ins-
tamment, si toutefois je suis dans le vrai, que tous
les cours d'eau un peu importants puissent, à un
moment donné, reprendre librement possession des
gorges ou vallées situées dans les montagnes où ils
sont en définitive chez eux, je demande, en un mot,
que les montagnards habitent la montagne et non
le lit des torrents.

Est-il impossible, est-il seulement difficile d'obtenir ce résultat?

Cela n'est pas impossible, car, pour réussir, il n'y
a qu'à exproprier les habitants des vallées qui doivent
être rendues aux cours d'eau : or je crois que nulle
part on n'aura pu le faire pour cause d'utilité publi-
que avec autant de raison qu'en cette circonstance,
pas même à Paris où les expropriations pour embel-
lissements coûtent tous les jours tant de millions.

S'il y a difficulté, elle est moins grande qu'elle
paraît être au premier abord, car, d'une part, la dé-
pense sera beaucoup moins considérable qu'on se

l'imagine ; il suffira presque toujours, en effet, de rendre à un cours d'eau quelques-unes des vallées qu'il traverse, vallées qui d'ailleurs, en général, sont déjà devenues, malgré tout, à peu près improductives, et d'une autre part, les habitants expropriés seront bien vite amenés à reconnaître que le gouvernement leur a rendu service en les obligeant à quitter une contrée où ils n'avaient que déceptions, que misères, et où leur instinct, mais non leur intelligence, les poussait à reconstruire, tous les quatre à cinq ans, sur un terrain que le torrent leur disputait sans cesse.

Quant au choix des vallées à désigner, ce serait une chose délicate et cette mission devrait être confiée à des gens compétents et connaissant parfaitement chaque pays.

La mesure que je propose est donc très-admissible, et elle aurait de plus l'immense avantage de pouvoir être prise immédiatement, de **produire** dès maintenant tous ces effets, tandis que telle autre combinaison demanderait au contraire, pour être menée à bonne fin, une suite d'efforts, d'enthousiasme et de dévouement inconciliable avec la nature **humaine** qui est si changeante, si oublieuse, et qui, après quelques années, finit par devenir insensible aux infortunes pour lesquelles elle avait dans l'origine ressenti la compassion la plus vive et la plus sincère.

Néanmoins, je ne me dissimule pas l'importance des obstacles qui s'opposent à ce que ma proposition soit accueillie. Beaucoup de gens, ne mesurant pas la grandeur du but qu'il s'agit d'atteindre, verront dans cette expropriation un acte monstrueux et inadmissible, ils ne voudront peut-être même pas en entendre parler et trouveront inique de dépouiller les uns pour garantir les autres; mais qu'ils y songent, de toute façon il y aurait péril extrême à ne pas empêcher par des mesures énergiques quelconques le retour des inondations, et si mes idées sont justes, il y a ici deux intérêts en présence : d'un côté, celui de la France agricole, commerçante, celui de la France presque toute entière en un mot, et de l'autre, celui d'une population de quelques milliers d'individus, qui trouvent à peine ce qui leur est nécessaire pour vivre dans le pays qu'ils habitent et aiment, comme la marmotte habite et aime son trou, individus qui, transportés malgré eux ailleurs, seraient plus heureux et pourraient devenir utiles à leur pays. L'un des deux intérêts doit inévitablement être sacrifié à l'autre.

En résumé donc, agir promptement est évidemment indispensable et, pour empêcher les inondations en France, les permettre dans certaines vallées hautes des montagnes serait peut-être la combinaison la meilleure et la plus praticable.

Je n'ai pas la prétention d'avoir exposé d'une manière complète, dans ces quelques lignes, le système que je propose ; mais, témoin de toutes les misères inséparables des désastres semblables à celui que nous venons de subir, profondément navré de voir tant de gens qui hier encore, étaient heureux et aujourd'hui sont réduits à la mendicité, je me suis hâté d'écrire les observations qui précèdent, car j'ai cru que maintenant le moment était favorable entre tous, pour produire un moyen dont le but est de prévenir désormais le retour de pareilles calamités.

Je serais bien heureux si, même après les hommes de talent qui déjà se sont empressés de traiter ce sujet, je pouvais encore contribuer, si peu que ce soit, à éclairer d'un nouveau jour une question qui intéresse au plus haut degré la France toute entière, mais particulièrement une contrée que j'ai administrée pendant quelques années et qui est devenue mon pays d'adoption.

Chinon, le 15 octobre 1866.

Tours. — Imprimerie nouvelle. — E. Mazereau, passage Richelieu, 11.